몽구 글

질문을 던지고 답을 찾아가는 것을 좋아해요.
책을 쓰고 과학을 가르치고 있어요.
쓴 책으로 『이모티콘 IT 용어』, 『이과티콘 수학』, 『이과티콘 과학』 등이 있어요.

김미정 그림

동식물에 관심이 많고 숲을 거니는 것을 좋아해요.
책 삽화를 그리고 제품 디자인을 하는 일러스트레이터예요.
그린 책으로 『하나코 이야기』, 『위풍당당 풍구리』, 『누가 누가 더 빨개?』 등이 있어요.

인스타그램 @kimmijungkorea

별별 나라 자연 탐험

나라의 대표 동식물을 탐방하는 신나는 모험

몽구 글 | 김미정 그림

청어람 아이

차례

들어가며 6

프롤로그 ·········· 무엇이든 해결해 드립니다 8

1장 ············· 호랑이의 군것질 도둑을 찾아 주세요 12

해결사의 세계 탐방기 대한민국 16

2장 ············· 사탕과 초콜릿을 훔쳐 간 범인은? 20

해결사의 세계 탐방기 중국 24

해결사의 세계 탐방기 일본 26

3장 ············· 키위새는 키위가 아니에요 28

해결사의 세계 탐방기 오세아니아 32

4장 ············· 북극곰이 사라졌어요 36

해결사의 세계 탐방기 그린란드 40

해결사의 세계 탐방기 스위스 42

5장 ············ 캐나다산 메이플시럽 vs. 미국산 메이플시럽 44

해결사의 세계 탐방기 북아메리카 48

6장 ············ 아마존 숲을 고쳐 주세요 52

해결사의 세계 탐방기 남아메리카 56

7장 ············ 어디든지 갑니다! 사막 택배 익스프레스 60

해결사의 세계 탐방기 아프리카 북부와 서아시아 64

8장 ············ 아프리카 초원의 밀렵꾼을 잡아 주세요 68

해결사의 세계 탐방기 아프리카 중남부 72

에필로그 ········· 이제 집으로 76

찾아보기 78

들어가며
세계 동물들의 고민을 해결하러 떠나는 신비한 여행

어릴 적 제 꿈은 밀림 탐험이었어요. 지구에서 가장 큰 아마존, 애니메이션에도 등장한 동물의 천국 마다가스카르, 고립된 아름다운 섬 갈라파고스를 다큐멘터리와 책에서 보며 다양한 친구들을 만나는 상상을 했지요. 왜 하필 밀림이냐고요? 밀림은 평소에 볼 수 없는 신비로운 동식물들이 많았거든요. 제가 밀림에서 가장 만나고 싶었던 동물은 아마존에 사는 분홍돌고래였어요. 함께 수영하며 놀 수 있다면 참으로 재미있지 않겠어요?

시간이 지나며 저의 관심은 밀림에서 서서히 뻗어 나가기 시작했어요. 전 세계를 탐험하고 싶어졌지요. 더 많은 다큐멘터리와 책을 보며 생명이 없을 것 같은 무더운 사막에도, 꽁꽁 언 빙하 위에도, 심지어 우리나라에도 놀라운 생물들이 살고 있다는 것을 알게 되었거든요. 밀림만 탐험하기에는 지구는 너무나 재미있는 곳이 많아요. 저의 이런 작은 꿈이 해결사와 해태를 만나 실현되었어요. 동물들이 해결사에게 도움을 요청했다고 해요. 이제 해결사와 해태는 전 세계를 돌아다니며 동물들의 고민을 해결해 줄 거예요. 어떤 지역에서 무슨 동물이 도움을 요청했을까요? 벌써 궁금하네요.

아 맞다! 해결사가 어떻게 이곳저곳을 돌아다닐 수 있고, 동물들에게 도움을 줄 수 있는지를 말씀드리지 않았네요. 해결사는 마법을 쓸 수 있거든요. 그리고 다양한 마법 도구도 있답니다. 마법 행성이 고향이 아닌 여러분을 위해 마법 도구가 나오면 설명을 덧붙였어요.

해결사의 마법과 마법 도구만으로 해결할 수 없는 문제도 있어요. 해결사가 도움을 주기는 하지만, 해결사가 떠나면 같은 문제가 일어날 수도 있거든요. 예를 들면 아마존 숲이 파괴된다거나, 빙하가 녹는다거나 하는 문제요. 이를 해결하기 위해서는 여러분의 도움이 필요해요.

어렵지 않냐고요? 아니에요. 일회용품 사용을 줄이고, 물을 아껴 쓰고, 형광등을 제때 끄면 되거든요. 여러분이 환경을 위해 조금만 노력해 준다면 이 책에 나오는 동식물들이 도움을 요청할 일은 없어질 거예요.

이제 모든 준비는 끝났어요. 해태가 빛나는 지도를 발견했거든요. 지금부터 해결사와 해태의 모험이 시작됩니다!

몽구

프롤로그

무엇이든 해결해 드립니다

"해결사 님~! 해결사 님~! 빨리 일어나 보세요."
"으아, 간 떨어질 뻔했네. 해태야. 도대체 무슨 일이니?"
해태가 지도를 안고 총총총 다가왔어요.
"여기 이 지도 좀 보세요. 번쩍번쩍 빛이 나요."
해태가 펼친 지도가 밝게 빛나고 있었어요. 해결사는 지도를 보고 벌떡 일어났어요.
"이런, 모두가 나의 도움을 기다리고 있나 보군. 해태야, 나갈 채비를 해라. 긴 여정이 될 거야."
"네! 알겠습니다."
해태는 지도를 챙겨 들고 해결사 옆에 섰어요. 해결사는 손을 들어 허공을 똑똑 두드렸어요. 신비로운 뭉게뭉게 문이 나타났어요.
"그럼 출발해 볼까?"

뭉게뭉게 문
원하는 장소를 생각하며
허공을 두드리면
그곳으로 갈 수 있다.

1장

호랑이의 군것질 도둑을 찾아 주세요

"킁킁, 시원한 냄새."
해태는 고개를 들고 숨을 깊게 들이마셨어요. 그 순간 소나무 사이에서 바스락 소리가 났어요.
"거기 누구야! 어? 호랑이 삼촌!"
해태는 반갑게 웃으며 달려갔어요.
"해태구나. 오랜만이다."
호랑이 삼촌은 해태의 머리를 쓰다듬었어요.
"호랑이 삼촌이 계신 걸 보니 여기는 대한민국이군요!"
해태가 뒤를 돌아 해결사를 보며 말했어요.
"그래 맞아. 호랑이 씨 오랜만이에요. 무슨 일로 부르셨나요?"
"이리 와 보세요. 기상천외한 일이 일어났단 말이죠."
해결사와 해태는 호랑이를 따라갔어요.

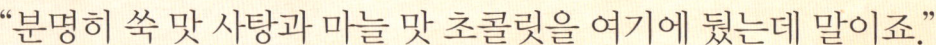

"분명히 쑥 맛 사탕과 마늘 맛 초콜릿을 여기에 뒀는데 말이죠."
"으윽, 쑥 맛 사탕과 마늘 맛 초콜릿이라니."
해태는 표정을 찌푸렸어요.
"해태야 그러면 안 돼. 호랑이 씨가 입맛이 조금 독특하시기는 하지만 누구나 자신만의 취향이 있기 마련이잖니."
"하하, 괜찮아요. 그런데 정말 귀신이 곡할 노릇이란 말이죠. 사탕과 초콜릿은 어디 가고 웬 나뭇잎만 있으니."
호랑이가 가리킨 곳에는 나뭇잎 더미가 있었어요. 해결사는 손을 턱에 괴고 중얼거렸어요.

"라쿤 녀석. 바케타누키에게 나뭇잎 요술을 배웠다더니."
해결사가 위로 손을 뻗자 마법 나침반이 나타났어요.
"라쿤이 있는 곳을 알려 줘."
해결사의 말이 끝나자 나침반의 바늘이 움직였어요.
"아하, 다음 목적지는 중국이다! 군것질 도둑을 잡으면 바로 연락 드리겠습니다."
"호랑이 삼촌, 나중에 봐요! 안녕."

마법 나침반
찾고 싶은 동물이 있는
장소를 알려 준다.

해결사의 세계 탐방기

대한민국 대표 동식물을 알아보자

한국호랑이는 백두산호랑이라고도 불러요.
둥근 머리와 작은 귀를 가지고 있어요. 중국이나 러시아
호랑이보다 몸집이 작지만, 근육이 많아 힘이 아주 세요.

한반도의 상징 호랑이

백두산호랑이는 예로부터 한반도의 기상을
상징하는 동물이었어요. 그래서 한반도를
호랑이 모양으로 그린 '호랑이 지도'도 있지요.

한국호랑이의 멸종

일제강점기 때, 일본군은 조선의 혼을 상징하는
호랑이를 무차별적으로 사냥했어요. 이때 무려
97마리가 사살되었어요. 그렇게 호랑이의 수가 점점
줄어들다가 1921년 경주에서 발견된 호랑이를
마지막으로 우리나라에서는 관찰되지 않고 있어요.

소나무는 사시사철 푸른 잎을 유지하는 상록 침엽수예요.
소나무 열매인 솔방울은 80여 개의 열매 조각이 달렸어요.
소나무 잎은 약으로 쓰이고, 꽃가루인 송홧가루로
다식이라는 과자를 만들어요. 목재는 건축 재료로
이용된다고 하니 정말 유용하지요? 게다가 솔잎의
상쾌한 향기는 기분까지 좋게 만들어 준답니다.

애국가에 등장하는 소나무

"남산 위에 저 소나무 철갑을 두른 듯……."
소나무는 애국가에도 등장하는 대한민국의
대표 나무예요. 소나무는 불행을 막아 준다고 해요.
그래서 출생, 결혼, 장례 등 중요한 행사가
있을 때마다 소나무가 빠지지 않았어요.

반달가슴곰은 몸길이 1.8m에 몸무게가 100kg 정도 되는 곰이에요. 곰치고는 작은 편이랍니다. 반달가슴곰의 털은 전체적으로 검은색인데, 가슴에 V 모양의 하얀 무늬가 있어요. 우리나라의 지리산 일대에 살고 있어요.

고조선 건국 이야기 단군신화

환웅은 호랑이와 곰에게 쑥과 마늘을 주고 동굴에 들어가 100일을 살면 인간이 되게 해 준다고 했어요. 호랑이는 중간에 뛰쳐 나왔지만, 곰은 100일을 버텨 아름다운 여성이 되어 환웅과 결혼하여 단군을 낳았답니다.

무궁화는 2m 크기의 나무에 커다란 분홍 꽃이 피는 식물이에요. 7월에서 10월 사이에 100일 동안 꽃을 피운다고 해요. 대한민국을 대표하는 꽃으로, 우리나라 여권에서 무궁화를 볼 수 있답니다.

두루미는 목과 다리가 길쭉길쭉하고 머리 위가 붉은색인 새예요. 노란 깃털의 새끼와 달리 어른 두루미는 하얀 몸에 검은 꼬리를 지니고 있어요. 대한민국의 500원 동전 속에는 날개를 펼치며 날아가는 두루미가 있어요.

2장 사탕과 초콜릿을 훔쳐 간 범인은?

우걱우걱.
판다가 나무에 기대 죽순을 먹고 있었어요.
그런데 순간 라쿤이 눈앞을 쌩 지나갔어요.
"에퉤퉤. 사탕 맛이 이상해. 이 초콜릿은 왜 이렇게 매운 거야!"
라쿤은 판다 옆의 죽순을 집어 들었어요.
"어휴 매워. 이거라도 먹어야겠다."
"라쿤 이 녀석! 그건 내가 아껴 놓은 죽순이란 말이야!"
라쿤은 죽순을 한 입 베어 물고서는 표정을 찡그렸어요.
"에이, 풀이잖아! 입맛 다 버렸네. 나는 그럼 이만."

따르릉 따르릉. 경찰서에 전화가 왔어요.

"네. 경찰 시바견입니다. 무엇을 도와드릴까요?"

"저 해결사입니다. 라쿤이 사고를 치고 돌아다니고 있어요. 지금 그곳으로 가고 있다고 합니다."

시바견은 전화를 끊고, 텔레비전을 들고 밖으로 나갔어요.

"에엥? 시바견 씨, 도둑 잡는데 텔레비전을 왜 들고 가십니까?"

부하 경찰 원숭이가 고개를 갸웃하며 물었어요.

"그 녀석 오늘 개그쇼쇼 보려고 집에 빨리 가려고 할 거야. 이제 곧 시작하는데 놓칠까 봐 조마조마하겠지."

시바견과 원숭이는 길목에 텔레비전을 두고 나무 뒤로 숨었어요.

잠시 후, 라쿤이 숨을 헐떡이며 다가왔어요.

"마침 여기에 텔레비전이 있다니! 휴, 놓치는 줄 알았는데 다행이다."

라쿤이 텔레비전을 보며 깔깔깔 웃었어요.

얼마나 푹 빠졌는지 뒤에서 누가 다가오는지도 몰랐어요.

"이 녀석, 잡았다!"

X월 XX일　　　　　　　　　　　　날씨

오늘 개그쇼쇼를 보면서 먹을 간식을 찾아다녔다. 호랑이 아저씨 집에 초콜릿과 사탕이 있길래 몰래 챙겼다. 그런데 너무 매워서 판다의 죽순을 먹었다. 이것도 맛없었다. 개그쇼쇼가 할 시간이라 그냥 집에 오는데 마침 개그쇼쇼를 하는 텔레비전을 발견했다. 역시 나는 운이 좋은 줄 알았는데 알고 보니 함정이었다. 경찰 아저씨랑 해결사 아저씨한테 잡혀 버렸다. 그래서 호랑이 아저씨한테 사과하고, 판다에게 죽순을 새로 구해다 줬다. 힘든 하루였다.

맛없어!**

해결사의 세계 탐방기

중국 대표 동식물을 알아보자

죽순

대나무는 대한민국, 중국, 일본에서 자라요.
속이 비어 있고 곧게 자라는 특이한 나무예요.
꿋꿋한 의지나 성격을 지닌 사람을 표현하는
'대쪽 같다'는 말도 대나무의 줄기 모양에서
비롯된 말이랍니다.
대나무의 어린싹은 죽순이라고 불러요.
특히 대나무는 전쟁에서도 살아남을 정도로
생명력이 강해요.

판다는 중국을 대표하는 동물이에요.
하얀 얼굴에 눈 주위로 검은 털이 나 있어요.
주로 대나무를 먹지만 가끔은 쥐나 토끼 같은
작은 동물을 잡아먹기도 해요. 그리고 가짜
엄지라는 특별한 손가락을 가지고 있어요.
이 가짜 엄지는 먹이를 잡을 때 사용한다고 해요.

판다 외교

판다는 중국에서만 서식하는 동물이에요. 그래서 중국은 친해지고 싶은 나라가 있으면 판다를 선물해요. 다만, 1983년 이후로 희귀 동물을 팔거나 기증할 수 없다는 조약이 생겼어요. 그래서 지금은 판다를 빌려준다고 해요.

기린은 중국 전설 속 동물이에요. 우리가 아는 목이 긴 기린이 아닌 용의 모습과 닮은 기린이랍니다. 자연을 사랑하는 기린은 동물뿐 아니라 식물도 먹지 않는대요. 가히 동물 중에 가장 으뜸이네요.

해결사의 세계 탐방기

일본 대표 동식물을 알아보자

너구리는 땅딸막한 몸에 짧은 다리와 오동통한 꼬리를 가지고 있어요. 낮에는 굴속에서 잠을 자다가 밤이 되면 사냥을 하지요.
라쿤과 헷갈리지 마세요! 라쿤은 털 색깔이 회색이고, 꼬리에 검은색 줄무늬가 있어요.

장난꾸러기 요괴 바케타누키

바케다누키는 장난기 많은 너구리예요. 요술을 부릴 수 있다고 해요. 사람으로 둔갑하거나 나뭇잎을 돈으로 바꿀 수 있지요. 장난을 좋아하는 사고뭉치지만, 나쁜 동물은 아니에요.

국화는 흰색, 노란색 꽃을 피우는 식물이에요.
노란 국화는 일본 황실의 상징이에요.
일본의 경찰의 계급에서도
국화를 볼 수 있답니다.

벚나무는 최대 20m까지 자라는 큰 나무예요.
봄이 되면 분홍색, 하얀색의 아름다운
벚꽃이 펴요. 일본 사람들이 가장
사랑하는 나무에요. 일본의 100엔
동전에서 벚꽃을 볼 수 있답니다.

시바견은 풍성한 털에 돌돌 말린 꼬리를 가진
일본을 대표하는 개예요. 시바는 일본어로
작다는 뜻이에요. 시바견은 영리하고 민첩해
사냥을 잘해요. 하지만 의외로 엄살이 심하대요.
치명적인 반전 매력이네요.

일본원숭이는 얼굴과 엉덩이가 새빨개요.
20마리 정도가 무리를 지어 살아요.
온천에서 목욕을 즐길 줄 아는 멋쟁이랍니다.

3장 키위새는 키위가 아니에요

"흑흑, 저는 키위처럼 생겼지만, 키위가 아닌 새라고요."
키위새가 울면서 말했어요.
"와, 정말 키위와 닮았어요! 그런데 그게 왜 문제인지 통 모르겠는데……."
그 순간 키위새가 휙 고개를 돌려 해태를 노려봤어요.
"모르는 소리! 잠을 자고 있으면 내가 키위인 줄 알고 다들 먹으려고 한다고. 흑흑, 맘 놓고 잘 수가 없어 잘 수가."
"으아, 그건 조금 많이 무섭네요."
해태는 몸을 부르르 떨며 말했어요.
"그럼 키위새 알리기 강연을 해 보시는 건 어때요?"
키위새는 눈을 똥그랗게 뜨고 말했어요.
"네에? 강연이요?"
"저희가 자리를 준비해 볼게요."
해태가 대답했어요.

"모두 자리에 앉으세요. 지금부터 키위새 님이 강연하신다고요!"
해태가 주의를 끌기 위해 북을 치며 말했어요. 동물들이 하나둘씩 자리에 앉자 키위새가 무대 위로 올라왔어요.
"여러분 키위새는…… 키위가 아닙니다!"
해결사가 박수를 두 번 치자. 무대 가운데에 그림이 떠올랐어요.
"보세요! 저는 키위처럼 갈색 털이지만, 부리도 있고 발도 있다고요."
모두가 끄덕이며 키위새의 말을 경청했어요. 그런데 갑자기 새끼 캥거루가 주머니에서 나와 손을 번쩍 들고 말했어요.
"그럼 부리와 발을 감추고 잠을 자고 있으면 어떻게 구분해요?"
여기저기서 동물들이 맞장구쳤어요.
"그렇다면……."
모두가 말을 멈추고 키위새를 쳐다봤어요.
"흔들어서 깨워 보세요. 가만히 있으면 키위, 움직이면 키위새입니다."
"그런 방법이 있었네! 와아아아."
동물들은 손뼉을 치며 환호했어요.

오세아니아 일보

감동적인 키위새의 강연 '키위새는 키위가 아니다.'

키위새, 자신이 키위와 닮았음을 인정했다. 하지만 부리와 발을 보면 알 수 있음을 강조했다. 마지막으로 잠을 자고 있다면 흔들어 보라는 말에 모두가 깊은 감명을 받았다.

멸종한 줄 알았던 모아가 발견되다?!

뉴질랜드에 살았다고 전해지는 타조보다 큰 대형 조류 모아. 하지만 무분별한 사냥으로 멸종하였는데, 최근 키위새의 강연에서 모아를 닮은 새를 보았다는 제보가 들어왔다. 정말로 모아가 나타난 것일까?

캥거루 격투기 우승자, 루루 인터뷰

"주머니 시절부터 권투를 배웠어요. 시도 때도 없이 연습하느라 어머니가 힘들어하셨는데, 이렇게 보답하게 되어서 너무 좋네요."

코알라 여러분에게 딱!
유칼리나무 숲 거주자를 찾습니다.
연락주세요 123-4567-8910

해벌사의 세계 탐방기

오세아니아 나라의 대표 동식물을 알아보자

키위새는 뉴질랜드를 대표하는 새예요. 몸은 어두운 갈색이며, 날개와 꼬리는 퇴화해서 짧아요. 시력이 나쁘지만 괜찮아요. 촉각, 청각, 후각이 뛰어나거든요. 야행성인 키위새에게 딱 좋은 전략이네요.

이름이 왜 키위새일까?

"키위"라고 울어서 이름이 키위새가 되었어요. 과일 키위와 연관 없는 이름이지요. 하지만 우연히도 과일 키위와 정말 닮았어요. 키위새가 과일 키위보다 훨씬 크기 때문에 실제로는 헷갈리지 않을 거예요.

국기 공모전 단골손님 키위새

몇 년 전, 뉴질랜드는 국기 공모전을 열었어요. 공모전에 가장 많이 등장한 동물은 바로 키위새예요. 그런데 대부분 키위새의 눈에서 레이저 빔이 나오거나 양을 타고 있는 장난기 넘치는 시안이었답니다.

왈라비는 캥거루 사촌이에요.
캥거루와 비슷하게 생겼지만,
몸집이 훨씬 작아요.
이빨 생김새도 조금
다르대요.

캥거루는 호주를 대표하는 동물이에요.
1.5m의 큰 키에 온몸이 근육질이에요.
암컷은 배에 새끼주머니가 있어요.
새끼는 다 자랄 때까지 엄마의
새끼주머니에서 지낸답니다.

코알라는 곰을 닮은 외모에 큰 코를 가졌고 호주를
대표하는 동물이에요. 유칼립투스 나무 위에서 잎과
새싹을 먹어요. 하지만 오래 먹지는 않아요.
하루에 20시간이나 자거든요. 그리고 캥거루처럼
배에 새끼주머니가 있답니다!

와틀은 아카시아의 한 종류예요.
이 중에 황금 와틀은 호주를 상징하는 꽃이에요.
매년 9월 1일은 와틀의 날이랍니다.

유칼립투스는 그리스어로 '아름답다'와 '덮다'가 합쳐진 말이에요. 오밀조밀하게 난 둥근 잎을 보면 왜 이런 이름이 붙었는지 알 수 있어요. 유칼립투스에서 추출한 유칼립투스 오일은 인기 상품이에요.

쿼카는 호주의 로트네스트섬에 사는 귀여운 외모의 동물이에요.
사교성이 좋아 사람을 보면 먼저 다가오기도 해요. 하지만 조심하세요!
멸종위기종이기 때문에 쿼카를 만지면 벌금을 내야 해요.
그래서 '웃으며 걸어오는 벌금'이라는 재미있는 별명이 있어요.

에뮤는 몸길이가 1.8m나 되는 거대한 새예요.
어린 새는 하얀색 털을 가지고 있지만, 털 색깔이
점점 진해지면서 어른이 되면 갈색이 돼요.
에뮤와 친척인 흑에뮤는 1800년대에 멸종했다고 해요.
그래서 에뮤는 유일하게 현재 살아 있는 종이에요.

모아는 멸종되어 더는 볼 수 없어요.
키가 무려 3.6m나 되는 거대한 새였대요.
모아라는 이름은 뉴질랜드 원주민
마오리족이 붙여 줬다고 해요.

뉴질랜드를 상징하는 꽃 코와이는 마오리족 말로
노란색이라는 뜻이에요. 이 꽃은 아래를 보고 펴요.
그래서 멀리서 보면 열매가 주렁주렁 열린 것처럼
보인답니다.

4장 북극곰이 사라졌어요

"분명히 무슨 일이 생긴 거예요. 이렇게 연락이 안 된 적은 없었거든요."
곰이 안절부절못하며 말했어요. 해결사는 수첩에 메모하며 말했어요.
"북극곰 씨와는 어떤 사이인가요?"
"그 친구는 그린란드에 살고, 저는 스위스에 살아서 직접 본 적은 없어요. 하지만 매일 채팅 앱으로 대화했어요. 그런데 어제부터 연락이 안 돼서요. 너무 걱정되네요. 직접 찾아갈 수도 없는 노릇이고."
"그럼 직접 찾아가면 되죠! 그렇죠, 해결사 님?"
해태는 해결사를 바라보며 말했어요. 해결사는 고개를 끄덕였어요.
"그래요. 지금 바로 갑시다."
해결사는 팔을 빠르게 돌리기 시작했어요. 그러자 갑자기 하늘을 나는 배가 등장했어요.
"그린란드로 출발!"

하늘을 나는 배
말 그대로 하늘을 날 수 있는 배.
자동 운전이 가능하다.

북극곰은 작은 빙산 위에서 가쁘게 숨을 쉬었어요. 사냥을 끝내고 집에 돌아가려던 북극곰은 갑자기 빙하가 갈라지는 것을 느꼈어요. 북극곰은 열심히 헤엄쳐서 집에 돌아가려고 했지만, 도중에 지치고 말았어요. 그러다 작은 빙산을 찾아 올라왔지요.
"더는 틀렸어. 이렇게 갑자기 생을 마감하다니. 비극이로다!"
북극곰은 모든 것을 포기한 채 벌러덩 누웠어요. 그런데 하늘에 배가 날고 있지 뭐예요? 북극곰은 화들짝 놀라 일어났어요.
"하늘을 나는 배라니. 이제 헛것까지 보는군! 진짜 비극이로다!"
하늘을 나는 배가 점점 다가오자 익숙한 모습이 보이기 시작했어요.
"북극곰아, 나 스위스 곰이야! 지금 구해 줄게!"

집에 도착하자 북극곰은 작게 안도의 한숨을 내쉬었어요. 곰은
북극곰에게 준비한 선물을 내밀었어요.
"자, 여기 선물이야."
"오! 이것은 스위스 초콜릿이 아닌가. 잠깐 기다려 보게."
북극곰은 초콜릿을 들고 주방으로 들어갔어요. 잠시 후, 북극곰은
녹인 초콜릿 두 잔을 가지고 왔어요.
"여기에 그린란드산 얼음을 조금 넣으면……. 이것이 바로 스위스와
그린란드의 만남, 아이스초코라네."
곰은 아이스초코를 마시고 함박웃음을 지었어요.
"와아! 정말 맛있어!"

해결사의 세계 탐방기

그린란드 대표 동식물과 자연을 알아보자

그린란드는 덴마크에 속한 얼음 섬이에요. 땅의 85%가 빙하로 덮여 있어요. 그린란드는 천연자원이나 각종 광물이 풍부해요. 최근에는 얼음이 녹으면서 얼음 아래에 있던 천연가스나 석유가 발견되고 있어요.

그린란드 대순환

그린란드에서는 아주 차가운 물이 바다 아래로 가라앉아요. 차가운 바닷물이 돌고 돌면서 지구의 온도를 일정하게 유지해요. 하지만 최근에는 지구 온난화로 인해 차가운 물이 가라앉지 않고 있대요. 그래서 추운 곳은 더 춥고, 더운 곳은 더 더워지는 에너지 불균형이 일어나고 있어요.

빙하는 눈이 오랜 시간 동안 육지에 쌓여 만들어진 탄탄한 얼음층이에요. 빙산은 물 위에 둥둥 떠 있는 얼음덩어리랍니다. 육지 위에 있으면 빙하, 물 위에 있으면 빙산이에요.

북극곰은 그린란드를 상징하는 하얀 곰이에요.
백곰이라고도 불러요. 작은 머리와 귀를 가지고 있어요.
목은 다른 곰보다 길답니다. 발바닥에는 털이 있어서
차갑고 미끄러운 얼음 위를 걸을 수 있어요.

북극곰의 수가 줄어들고 있어요

사람들이 북극곰 털로 옷을 만들기 위해 사냥을
하고, 지구 온난화로 빙하가 줄어들면서 북극곰
수가 많이 줄어들었어요. 그래서 지금은 멸종
위기종으로 보호를 받고 있답니다.

북극토끼는 눈 위에서 살아가는 동물답게
하얀 털을 가지고 있어요. 한 가지 놀라운 점이
있어요. 바로 롱다리의 소유자라는 사실!
그래서 북극토끼의 긴 다리를 보고 놀라는
사람이 많다고 해요.

북극해에 사는 그린란드상어는 무려
500년이나 살 수 있어요. 다 자라기까지
200년 정도가 걸린다고 해요.

 해결사의 세계 탐방기

스위스 대표 동식물과 자연을 알아보자

곰의 도시 베른

곰은 스위스의 수도 베른의 상징이에요.
베른에는 곰 공원도 있고, 여기저기에
곰이 그려진 깃발이 펄럭인다고 해요.
그야말로 곰의 도시네요.

에델바이스는 주로 알프스에서 관찰돼요.
에델바이스의 이름은 고귀한 흰 빛이라는 뜻이에요.
꽃잎과 줄기에 하얀 솜털이 있어서
이런 이름이 붙었대요.

알프스산맥은 유럽 중남부에 활처럼 뻗어 있어요.
일 년 내내 산봉우리에 빙하가 덮여 있지요.
스위스 베른에 있는 융프라우산은
알프스의 보석이라 불릴 정도로
아름다운 경치를 자랑한답니다.

＃ 5장 캐나다산 메이플시럽 vs. 미국산 메이플시럽

"옆집에서 종일 싸워서 잠을 잘 수가 없어요. 잘 수가!"
잠을 설쳐서 퀭한 눈으로 무스가 괴로워하며 해결사에게 말했어요.
"저희에게 맡겨 주세요."
해결사와 해태는 곧바로 옆집으로 향했어요.
똑똑.
"누구세요?"
"해결사입니다."
문이 벌컥 열렸어요.
"당신! 메이플시럽 먹어 본 적 있나?"
비버가 해결사를 노려보며 사납게 말했어요.
"와아~! 달콤한 메이플시럽이요? 와플과 함께 먹으면 꿀맛인데."
해태가 군침을 삼키며 말했어요. 그러자 비버는 해태를 보며 말했어요.
"너는 뭘 좀 아는구나! 그래. 메이플시럽은 역시 캐나다지?"
비버의 질문에 해태가 우물쭈물하자 집 안에서 목소리가 들려왔어요.
"뭐? 메이플시럽은 우리 미국이 최고라고!"

해결사는 머리를 감싸며 중얼거렸어요.
"곤란한데. 어떻게 싸움을 멈출 수 있을까?"
"해결사 님. 이러면 어떨까요?"
해태가 해결사에게 작게 무언가를 속삭였어요.
"오! 해태야, 참 좋은 생각이다. 자, 비버 씨와 독수리 씨가 각자의 시럽을 먹어보고 장점을 말해 보면 어떨까요?"
비버는 캐나다산 시럽을 독수리는 미국산 시럽을 받아들고는 살짝 맛을 봤어요.
"으음~ 역시 캐나다산은 풍미가 짙어. 달기만 한 미국산과는 달라."
"쩝쩝. 역시 미국산이 최고야. 혀끝에서 느껴지는 진한 향."

그런데 갑자기 해결사와 해태가 마주 보며 웃기 시작했어요. 독수리와 비버는 영문을 몰라 둘을 빤히 쳐다봤어요. 한참을 웃던 해결사가 입을 열었어요.

"사실 제가 마법으로 시럽을 몰래 바꿨어요. 여러분은 서로의 시럽을 칭찬한 거예요."

독수리와 비버는 얼굴이 붉게 달아올랐어요.

"크하하, 미국산 시럽도 참 맛있구먼. 여기 팬케이크에 이렇게 발라 먹으면……."

"무슨 소리. 자네의 캐나다산 시럽도 참 맛있어. 부드러운 아이스크림에 뿌려 먹으면 사르르 녹는다고."

독수리와 비버는 서로 칭찬을 주고받으며 시럽을 먹었어요. 밤새도록 말이죠. 참다못한 무스가 소리쳤어요.

"제발! 잠 좀 자자고!"

 해별사의 세계 탐방기

북아메리카 나라의 대표 동식물과 자연을 알아보자

흰머리수리는 미국을 대표하는 새예요. 하얀 머리와 갈색 몸통을 가지고 있어요. 날개 길이는 무려 2m예요. 물고기나 작은 동물을 잡아먹는답니다. 사냥할 때면 하늘에서부터 빠르게 내려와 발톱으로 먹잇감을 낚아채요.

별명은 대머리독수리

하얀 머리를 가지고 있어서 멀리서 보면 대머리처럼 보여요. 그래서 미국에서는 대머리독수리라는 이름이 붙었답니다.

가장 큰 둥지를 짓는 새

흰머리수리는 해안가나 넓은 호숫가에 둥지를 만들어요. 그런데 이 둥지의 무게가 무려 1톤이 넘는다고 해요!

나이아가라폭포는 캐나다와 미국 사이에 있어요. 웅장한 폭포와 아름다운 경치로 인기 있는 관광지랍니다.

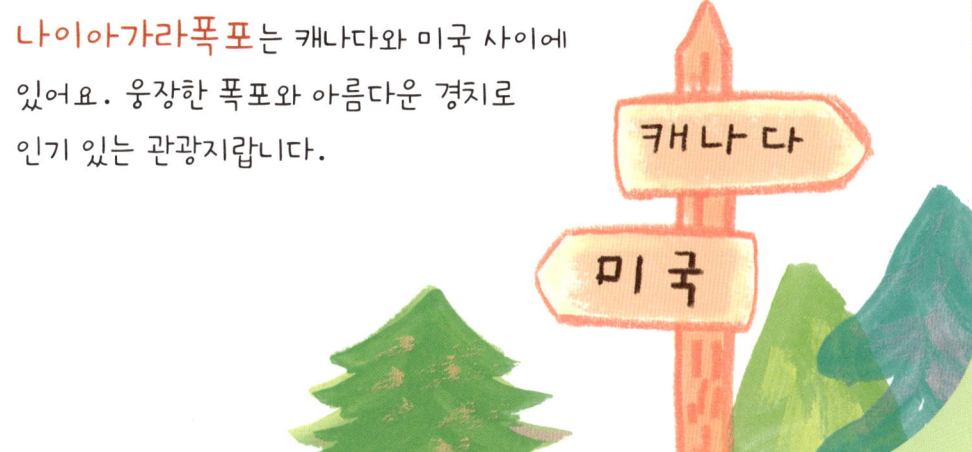

사탕단풍나무는 단풍나무의 한 종류로 달콤한 수액이 나와요. 이 수액을 농축해 맛있는 메이플시럽을 만들어요.
사탕단풍나무는 캐나다와 미국에서 자라요. 캐나다 국기에 있는 나뭇잎은 사탕단풍나무의 잎이랍니다.

무스는 말코손바닥사슴이라고도 불러요. 북아메리카, 유럽, 아시아의 추운 지역에서 살고 있어요. 수컷은 큰 뿔이 있어요. 잠깐, 사슴이라고 만만하게 보면 안 돼요.
자동차보다 큰 어마어마한 덩치를 가지고 있거든요.

바다삵이라고도 불리는 비버는 캐나다를 상징하는 동물이에요. 큰 앞니와 통통한 꼬리를 가진 귀여운 외모로 사랑받지요. 뒷발에 물갈퀴가 있어서 수영을 잘 할 수 있어요.

훌륭한 건축가

비버는 나무를 갉아서 하천에 댐을 만들어요. 가장 긴 댐은 850m나 된답니다. 비버의 댐은 홍수의 피해를 줄여 준다고 해요.

6장 아마존 숲을 고쳐 주세요

"엄마, 무서워요."
새끼 토코투칸은 몸을 벌벌 떨었어요.
"괜찮아. 해결사 님이 곧 오실 거야."
엄마 토코투칸은 새끼를 꼭 안아 줬어요. 그런데 나무가 더욱 거칠게 흔들리기 시작했어요.
"꺄아아악."
"해태야, 물어!"
해태는 으르렁거리며 달려가 벌목꾼의 다리를 물었어요.
"으아악, 내 다리!"
해태는 벌목꾼을 좌우로 휘두른 뒤, 멀리 날려 보냈어요.

"해결사 님 여기 보세요. 나무들이 잘려 나갔어요."
울창했던 숲은 밑동만 남아 있었어요. 해결사는 두 팔을 뻗고 눈을 감았어요.
그러자 잘린 나무 밑동에서 새로운 나무가 자라기 시작했어요.
"지구의 허파가 불법 벌목꾼들에 의해서 망가지면 안 되지."
둥지에서 엄마 토코투칸이 내려왔어요.

"해결사 님이 오서서 정말 다행이에요. 옆 동네 나무늘보 가족은 벌목꾼들 때문에 크게 다쳐서 지금 병원에 있대요. 저희도 까닥하면 나무와 함께 떨어질 뻔했어요."
해태는 주먹을 불끈 쥐었어요.
"정말 나빠요! 불법으로 벌목하는 사람들 때문에 다치고 집을 잃는다니요!"
해결사는 해태의 머리를 쓰다듬으며 말했어요.
"그래. 정말 나쁜 사람들이야. 해태야. 일단은 우리가 할 수 있는 일을 하러 갈까?"
"네, 해결사 님!"
해결사는 아마존을 돌아다니며 망가진 숲을 고쳤답니다.

🌎 해결사의 세계 탐방기

남아메리카 나라의 대표 동식물을 알아보자

아마존은 세계에서 가장 넓은 열대우림이에요. 브라질, 페루, 콜롬비아 등 9개 나라에 걸쳐 있지요. 아마존에는 다양한 동식물이 자라요. 울창한 숲 덕분에 지구 산소의 20%를 만들어 내는 '지구의 허파'라고 불린답니다.

토코투칸은 아마존을 대표하는 새예요. 투칸은 우리말로 왕부리새라는 뜻이에요. 노란색의 화려하고 큰 부리는 23cm나 돼요. 크고 단단한 부리를 이용해서 과일이나 곤충을 먹는답니다.

나무늘보는 이름이 정말 웃기죠? 말 그대로 나무에서 사는 늘보예요. 얼마나 느린지 하루에 50m도 움직이지 않는대요. 너무 느린 탓에 포식자에게 잡아 먹히거나, 산불이 나도 대피하지 못한다는 슬픈 일화도 있어요.

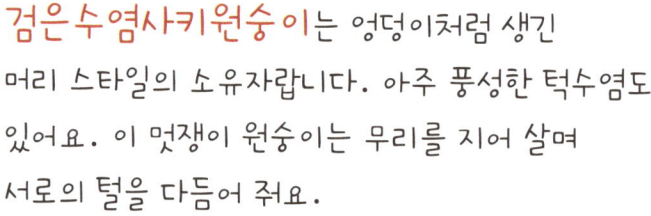

검은수염사키원숭이는 엉덩이처럼 생긴 머리 스타일의 소유자랍니다. 아주 풍성한 턱수염도 있어요. 이 멋쟁이 원숭이는 무리를 지어 살며 서로의 털을 다듬어 줘요.

파라고무나무는 아마존에 자라는 고무나무예요. 높이는 30m에 지름은 60cm 정도예요. 고무나무에 상처를 내면 액체가 나와요. 이 액체를 가공하면 고무가 된답니다.

헬리코니아는 1~3m 정도 되는 나무예요. 꽃은 마치 작은 새들이 옹기종기 모인 것처럼 생겼어요. 줄기는 채소로 먹고, 뿌리에서는 녹말을 추출하기도 한답니다.

재규어는 아메리카 대륙에서 가장 큰 맹수예요. 얼룩무늬가 있어 치타와 표범과 헷갈리지만 재규어는 가운데에 점이 있는 넓은 무늬를 가지고 있어요. 아마존에서 가장 강한 동물 중 하나예요. 주로 밤에 돌아다닌다고 하니 주의하세요.

아마존강에 간다면 조심하세요!
전기뱀장어가 있을 수도 있거든요.
몸에서 강력한 전기를 만들어 내요.
물고기나 물가의 동물들을
감전시켜서 사냥한답니다.

아마존빅토리아수련은 아마존강 위를 둥둥 떠다니는 식물이에요. 잎은 100~180cm로 아이가 앉을 수 있을 정도로 커요. 뒷면은 붉은색이고 가시 같은 털이 있어요.

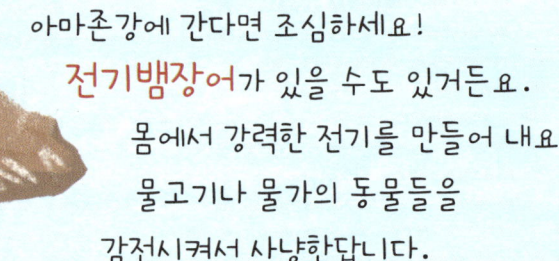

피라루쿠는 아마존강에 사는 세상에서 제일 큰 민물고기예요.
몸길이는 약 4m, 몸무게는 200kg이나 된답니다.
피라루쿠는 붉은 물고기라는 뜻이에요.
꼬리로 갈수록 붉은색이
짙어져요

자이언트수달은 여러분이 알고 있는 귀여운 수달과 달라요. 성인 남성과 같은 크기로 어마무시해요. 악어를 잡아먹기도 한다니 보통 수달이 아니네요.

아마존강돌고래는 강에 사는 돌고래 중 가장 커요. 분홍빛의 몸을 가진 신비한 돌고래랍니다. 최근 생태계 파괴로 그 수가 점점 줄고 있어요.

7장 어디든지 갑니다! 사막 택배 익스프레스

"자, 해태야 이걸 입거라."

"이게 뭐예요?"

"이제부터 우리는 사막 택배 익스프레스다! 배달부들이 모래 폭풍에 휩쓸려서 우리가 대신 배달을 해야 해."

해태는 해결사가 건네는 옷을 입었어요. 그리고 서둘러 배달에 나섰답니다.

"낙타 님, 여기 속눈썹 영양제입니다."

"드디어 왔네요. 요즘 날이 심하게 건조해서 속눈썹이 다 퍽퍽해졌다고요."

사막 택배 익스프레스 옷
보이지 않는 투명막이
모래바람과 열을 막아 준다.

"전갈 님은 꼬리 장갑을 사셨네요?"
"제 꼬리에는 독이 있거든용.
그래서 친구들이 다가오면 다칠까 봐 무서워용.
꼬리 장갑을 끼면 친구들과 함께 놀 수도 있고 안을 수도 있어용!"
해결사는 끄덕이며 웃었어요.
"잠을 잘 때는 빼고 주무세요. 꼬리도 숨을 쉬어야 하니까요."
"네, 그러도록 할게용. 빨리 친구들을 불러야징!"
전갈이 신이 나서 들어가자 해태와 해결사는 옆집으로 향했어요.
"사막여우 님 물뿌리개 주문하셨나요?"
"네 맞아요! 얼마 전부터 선인장을 기르기 시작했거든요.
사막여우는 물뿌리개를 받아들고 폴짝폴짝 뛰었어요.

"오후 네 시에 물뿌리개가 온다는 문자를 받고, 오후 세 시부터 얼마나 행복했는지 몰라요."
해태가 이상하다는 듯이 고개를 갸웃거렸어요.
"그게 무슨 뜻이에요?"
해결사는 씨익 웃으며 해태를 바라보았어요.
"잘 생각해보렴."
해태는 슬며시 미소를 짓고는 두 팔을 번쩍 들었어요.
"드디어 다 끝났다!"
해결사와 해태는 대추야자 아래에 앉아서 숨을 헐떡였어요.
그도 그럴 것이 사막 여기저기를 돌아다니며 많은 동물에게 택배를 전달했거든요.

해결사의 세계 탐방기

아프리카 북부와 서아시아 나라의 대표 동식물을 알아보자

사하라사막은 아프리카 북부의 커다란 사막이에요. 사막 중에 가장 커요. 이집트, 알제리, 리비아 등 여러 나라에 걸쳐 있어요.

아라비아반도에 있는 **아라비아사막**은 아프리카의 사하라사막과 중앙아시아의 여러 사막을 이어요. 사우디아라비아, 쿠웨이트, 예멘 등의 나라가 속하지요.

모래고양이는 모래나 암석 지역에서 살아요.
민첩한 몸으로 사막에서 빠르게 다닐 수 있어요.
청각이 발달해서 사냥감의 작은 소리도 들을 수 있답니다.
야행성 동물로 밤에 쥐나 새 같은 작은 동물을 사냥해요.

사막여우는 작은 몸집에 큰 귀를 가지고 있어요.
큰 귀는 잘 듣기 위해서가 아니라 열을 밖으로
내보내기 쉽답니다. 뜨거운 사막에서도 몸을
시원하게 할 수 있어요.

낙타는 사막에 살아가기 위해 다음과 같이 적응했답니다.

긴 속눈썹은 모래가 눈에 들어가지 않도록 막아 줘요.

털과 두꺼운 가죽은 낮에는 뜨거운 햇볕을 막아 주고, 밤에는 추위를 견디게 해 줘요.

코는 모래가 콧속으로 들어가지 않게 콧구멍을 닫을 수 있어요.

등에 달린 커다란 혹에는 지방이 저장되어 있어요. 그래서 물과 먹이를 구하기 힘든 사막에서 지방을 꺼내 쓰며 살아갈 수 있어요.

발바닥은 뜨거운 모래 위도 잘 걸을 수 있도록 넓적해요.

오릭스영양은 아랍에미리트를 상징하는 동물이에요.
아프리카와 아라비아반도에 살아요. 암컷과 수컷
모두 머리에 기다란 뿔이 있어요.
나무뿌리나 줄기를 먹으며 오랫동안
물을 마시지 않아도 괜찮아요.

전갈은 꼬리 끝에 독침이 있어요. 이 독은 아주 강력해서
전갈을 본다면 절대 만지면 안 돼요! 파리나 지네 같은
벌레를 집게로 잡고 독침으로 공격해서 잡아먹어요.

뿔살무사는 머리에 두 개의 뿔이 있어요.
모래 속에 자신의 몸을 숨겨서 먹이가 지나가면
확 낚아챈답니다. 여러분도 사막에 가면 발밑을
조심하세요. 무서운 독을 가지고 있거든요.

대추야자는 사막의 오아시스에서
자라는 식물이에요. 열매는 달고 영양분이
풍부해요. 옛날부터 사람들은 이 열매를
즐겨 먹었어요. 고대인을 먹여 살린
생명의 나무라고 불려요.

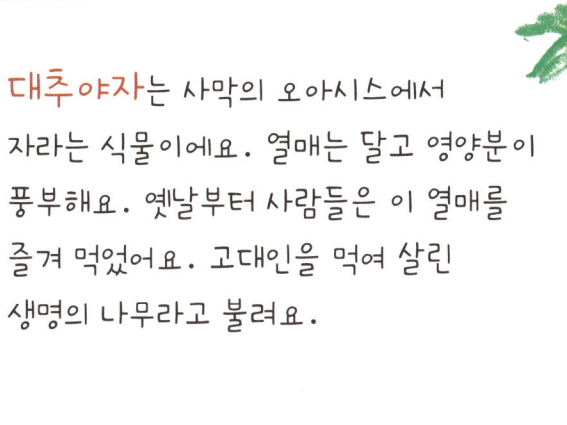

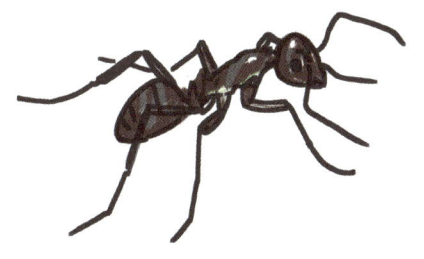

사하라은개미는 몸이 1cm도 안 되는 아주 작은
개미예요. 하지만 세상에서 제일 빠른 동물이랍니다.
몸집과 달리 속도가 치타보다도 빨라요.
이렇게 빠른 달리기 속도 덕분에 뜨거운
모래 위에서도 견딜 수 있어요.

선인장은 참 특이하게 생겼어요. 잎 대신 가시가 있어요.
사막에서 살아남기 위해 선택한 방법이에요.
물의 증발을 막기 위해 가는 가시로 변한 것이랍니다.
자신을 먹으려는 천적을 공격할 수도 있어요!

8장 아프리카 초원의 밀렵꾼을 잡아 주세요

탕. 탕탕.
고요한 땅에 총소리가 울려 퍼졌어요. 곧 코끼리들이 도망치기 시작했어요.
"에이 놓쳤네. 상아를 구하면 돈을 벌 수 있을 텐데."
밀렵꾼은 입맛을 다셨어요.
"해태야 물어!"
해태는 밀렵꾼의 팔을 물었어요.
"으아아악, 너는 뭐야! 저리 비켜!"
밀렵꾼은 해태를 떨치고 멀리 도망가 버렸어요.
"밀렵꾼이 저쪽으로 도망치고 있어요!"
그러자 해결사는 크게 외쳤어요.
"동물 여러분! 도와주세요!"
해결사의 목소리가 초원에 퍼지자 여기저기서 동물들이 등장했어요.
먼저 기린이 밀렵꾼을 쫓아가 뒷발로 뻥 찼어요.

"이거나 먹어라!"
이번에는 스프링복 떼가 몰려들었어요.
"뿔 맛 좀 봐라!"
스프링복 떼가 뿔로 밀렵꾼의 엉덩이를 찔렀어요. 멀리서 사자가 다가오며 말했어요.
"이제 그만하면 됐다. 해결사 님에게 가자."
사자는 해태와 해결사가 있는 곳으로 걸음을 옮겼어요.

"여러분 모두의 힘이 모여 밀렵꾼을 잡았습니다. 감사합니다.
밀렵꾼은 법의 심판을 받게 하겠습니다."
모두가 손뼉을 치며 환호를 했어요.
"우리 힘으로 밀렵꾼을 잡았어!"
그런데 해태가 해결사의 손을 잡으며 조심스럽게 물어봤어요.
"그런데 왜 밀렵꾼을 마법으로 잡지 않았어요?"
"쉿, 때로는 가만히 있어야 할 때도 있는 법이란다."

해결사의 세계 탐방기

아프리카 중남부 나라의 대표 동식물을 알아보자

코끼리는 자유자재로 움직일 수 있는 기다란 코와 큰 귀를 가지고 있어요. 땅에서 사는 동물 중에 몸집이 가장 커요. 몇 톤이나 되는 몸을 지탱하기 위해 다리가 아주 굵어요.

멋진 앞니 상아

코끼리는 상아라는 멋있는 앞니가 있어요. 상아가 장식품으로 인기를 누리자 밀렵꾼에게 많은 코끼리가 사냥을 당했어요.

미어캣은 고양이를 닮은 외모를 가진 아프리카의 귀염둥이예요. 무리를 지어 살아가요. 두 발로 서서 일광욕을 즐기거나, 포식자가 없는지 주변을 살펴요. 파수꾼이라는 별명이 있지요.

동물의 왕 사자는 케냐의 상징 동물이에요.
수컷은 긴 갈기가 있어요.
사냥은 대부분 암컷이 하고,
수컷은 다른 사자와 영역 싸움을 해요.

아프리카 열대 초원 사바나의 청소부 하이에나는
사자나 독수리가 사냥하고 남긴 고기를 먹는다고 알려졌어요.
하지만 사냥도 매우 잘한답니다. 무리를 지어서 큰 동물을
사냥하기도 해요.

바오바브나무는 아프리카의 섬 마다가스카르를
대표해요. 이 나무는 신이 거꾸로 심었다는 전설이 있어요.
나무의 모습을 보면 그 이유를 바로 알 수 있어요.
가지가 나무의 윗부분에 모여 있어서 마치 뿌리처럼
보이거든요.

여우원숭이는 마다가스카르섬에 살며
얼굴이 여우를 닮았어요. 그중 일락꼬리여우원숭이의
꼬리는 호랑이 꼬리와 같은 무늬가 있어요.
그래서 호랑꼬리여우원숭이라고도 해요.

프로테아는 남아프리카 공화국을 상징하는 꽃이에요. 자이언트프로테아 혹은 킹프로테아 라고도 불려요. 아주 특이한 방법으로 번식하는데, 열매가 불에 타면 씨앗을 퍼트려요. 그래서 산불이 나야 번식을 할 수 있어요.

스프링복은 남아프리카 공화국을 상징하는 동물이에요. 아프리카 남부에 사는 영양이에요. 갈색 몸에 검은색의 뿔을 가지고 있어요. 무리를 지어서 생활하는데 1,500마리의 대형 무리도 관찰된 적 있대요.

파피루스는 지중해 연안의 습지에 사는 식물이에요. 고대 이집트인은 파피루스를 이용해 파피루스라는 종이를 만들었어요. 그래서 지금 종이의 영어 이름 페이퍼(paper)는 파피루스(papyrus)에서 유래되었답니다.

에필로그
이제 집으로

해태와 해결사는 초원에 앉아 노을을 바라봤어요.
해결사는 기지개를 쭉 켜며 해태에게 말했어요.
"벌써 시간이 이렇게 됐구나. 이제 돌아가자."
해태는 아무 대답이 없었어요. 이미 곤히 잠들었거든요.
"그래. 피곤할 만도 하지."
해결사는 한 손으로 살포시 잠든 해태를 안아 올렸어요. 그리고 다른 손으로 허공을 똑똑 두드렸어요. 신비한 뭉게뭉게 문이 나타났어요.
문 안으로 들어가자 고요한 해태의 방이 나타났어요. 해결사는 해태가 깨지 않도록 조심스럽게 침대에 놓았어요.
"해태야. 잘 자렴."
해결사는 살금살금 방을 나갔어요. 해태는 무슨 꿈을 꾸는지 입가에 웃음이 가득했답니다.

찾아보기

ㄱ

검은수염사키원숭이 56
국화 26
그린란드 11, 37, 39~41
　그린란드상어 41
기린(중국 전설의 동물) 25

ㄴ

나무늘보 55~56
나이아가라폭포 49
낙타 61, 65
남아메리카 11, 56
남아프리카 공화국 75
너구리 26
뉴질랜드 31~32, 35

ㄷ

대나무 24
대추야자 63, 67
대한민국 13, 16~17, 19, 24
덴마크 40
두루미 19

ㅁ

마다가스카르 74
모래고양이 64
모아 31, 35
무궁화 19

무스 45, 47, 50
미국 45, 48~49
미어캣 72

ㅂ

바오바브나무 74
바케타누키 26
반달가슴곰 18
벚나무 27
북극곰 37~39, 41
북극토끼 41
북아메리카 11, 48, 50
비버 45~47, 51
빙산 38, 40
빙하 40~41, 43
뿔살무사 66

ㅅ

사막여우 62, 64
사자 70, 73
사탕단풍나무 50
서아시아 64
사하라사막 64
　사하라은개미 67
선인장 62, 67
소나무 13, 17
스위스 37~39, 42~43

스프링복 70, 75
시바견 22, 27

ㅇ
아라비아사막 64
아랍에미리트 66
아마존 55~57
  아마존강 58~59
  아마존강돌고래 59
아시아 10, 50
아프리카 10, 64, 72~73
알프스산맥 43
에델바이스 43
에뮤 35
여우원숭이 74
오릭스영양 66
와틀 34
왈라비 33
유럽 10, 43, 50
유칼립투스 33~34
일본 24, 26~27
  일본원숭이 27

ㅈ
자이언트수달 59
재규어 57
전갈 62, 66

전기뱀장어 58
중국 15~16, 24~25

ㅋ
캐나다 45, 49, 50~51
캥거루 30~31, 33
케냐 73
코끼리 69, 72
코알라 33
코와이 35
쿼카 34
키위새 29~32

ㅌ
토코투칸 53~54, 56

ㅍ
파라고무나무 57
파피루스 75
판다 21, 23~25
프로테아 75
피라루쿠 58

ㅎ
하이에나 73
헬리코니아 57
호랑이 13~16, 18, 23, 74
호주 33~34
흰머리수리 48

별별나라 자연탐험

나라의 대표 동식물을 탐방하는 신나는 모험

몽구 글 | 김미정 그림

1판 1쇄 펴낸날 2022년 9월 23일

펴낸이 정종호 | 펴낸곳 (주)청어람미디어(청어람아이)
편집 박세희 | 마케팅 이주은, 강유은 | 디자인 이원우
제작·관리 정수진 | 인쇄·제본 (주)에스제이피앤비
등록 1998년 12월 8일 제22-1469호
주소 03908 서울시 마포구 월드컵북로 375, 402호
전화 02-3143-4006~8 | 팩스 02-3143-4003
ⓒ 몽구, 김미정 2022

ISBN 979-11-5871-207-5 73810

잘못된 책은 구입하신 서점에서 바꾸어 드립니다.
값은 뒤표지에 있습니다.